전유정 시집

꿈꾸는 베란다

문학사계

머리말

나는 20대에 신문 기자로, 30대엔 드라마 작가로서 세상을 바꿔보겠다는 뜨거운 열정이 있었다. 그러다 40대 중반을 넘어가면서 차츰 그런 건 오만과 객기에 지나지 않는다는 것을 깨달았다. 여러 가지 일로 몸도 마음도 약해지고, 용납할 수 없는 일도 겸허하게 받아들일 줄 알아갈 즈음 오랫동안 시 쓰기를 꼬드겨왔던(?) 선배 시인이 무작정 아이파크 문화센터로 이끌었다. 선배의 정성을 사양하지 못해 시를 배우겠다고 한 번 가고, 두 번 가던 게 반복되다 보니 나도 모르게 두 발을 푸욱 담그게 되었다. 황송문 교수님 말씀처럼 결석 않고 수업만 잘 들어도 엘리베이터에 타고 있으면 높은 곳으로 올라가듯이 시인이 될 수 있는 모양이다.

처음 선배 시인들을 볼 때면 요즘 같은 세상에 돈도 되지 않는 시에 빠져서 그 토록 열심히 쓰는 게 이해가 되지 않았다. 내가 한동안 업으로 삼았던 드라마는 편당 꽤 큰 액수의 고료가 따른다. 한때는 남편에게 맛있는 된장찌개 대신 벤츠를 사주겠다며 큰소리 쳤을 정도니까. 그러던 내가 선배들 따라 한 편씩 습작을 하게 되고, 교수님의 첨삭지도에 따라 열심히 쓰다 보니 책까지 내게 됐지만 아직도 실감이 나지 않을 정도로 믿

기지 않는다.

책을 내기에는 작품 수준이 너무나 미흡하다는 생각에 자꾸 망설여지는 나에게 "너도 큰 숲에 나무 한 그루 심는다고 생각해"라면서 용기를 준 임미옥 시인님, '시'에 대해 걸음마부터 제대로 가르쳐 주신 황송문 교수님, 시 창작반에서 제일 어린데도 항상 골골거리는 나를 배려해 주시고 용기를 북돋워 주시는 문우들께 고개 숙여 감사드린다. 그리고 나에게 문학적 재능을 타고 나게 해주신 부모님, 내가 하는 일에 무조건 지지해 준 남편, 아프다는 핑계로 모양만 장녀인 날 늘 걱정해주고 응원해주는 동생들에게도 심심한 고마움을 전하고 싶다.

숲을 이루는 나무 한 그루는 이미 심었고, 그 나무가 깊고 울창한 숲의 일부가 되도록 정성껏 가꾸어서 더 좋은 제2, 제3의 나무도 심을 수 있도록 나의 내면을 더욱 갈고 닦겠다고 다짐해 본다.

2012년 초여름에

전유정

전유정 시집 | 차례

2부 비움의 미학

1부 낙엽의 속삭임

하늘과 맞닿은 저 산마저
하루를 정갈하게 하느라
저렇듯 붙어서 같이 타오르는가

다리미질

다리미질은 나의 기도
아름다운 꽃빛이 배어나도록
곱게 곱게 펴나가야 한다.

술 · 담배에 절어사는 그이 옷 위에,
철부지 가득한 아이들 옷 위에,
여전히 방황하는 내 옷 위에
정화수를 이슬 털듯 뿌리고
풀 먹여 살아난 길을 내면서
정겨운 내조로 꾹꾹 눌러 다린다.

가족들 마음 속 깊은 구석까지
달래고 어루만져서
구깃구깃한 주름살 시원히 펴지도록
주름진 마음밭까지 환하게 다린다.

신호등 앞에서

우리 집 근처를 배회했다느니
전화기만 쳐다보며 살았다느니
술에 절어 지냈다느니
그런 말 마세요.

가슴에 구멍이 뚫렸다느니
다리가 말을 듣지 않는다느니
은애하다 죽을 거라느니
그런 말은 절대 하지 마세요.

나만을 바라보는 당신을 뒤로 한 채
나는 또 다른 누군가에게로 향해 있는
우리는 아픈 등보기식 교차로.

아플수록
고개를 더 파묻으면서도
슬퍼할 줄도 모르고 웃어야 하는
빨간 신호등에 서 있는 나그네.

낙엽의 속삭임

누군가 속삭이는 것 같아
돌아보면 아무도 없고,

또 누군가 부르는 것 같아
아무리 둘러보아도 또 아무도 없어,

숲길 산책하던 발걸음을 멈추고
숨 죽인 채 한참을 그 자리에 서 있었다.

낙엽 하나가 톡,
낙엽 또 하나가 톡,
조락凋落의 계절이
몇 층으로 쌓인 낙엽 위로 내리고 있었다.

나뭇잎 다 내려놓고
뼈만 남은 앙상한 가지에
새 봄 물길 올려 새싹 틔우고
갖가지 빛깔로 채색하려면
흙으로 돌아가야 하는 순리 되새기려고
그렇게 애타게 나를 불러 세웠나 보다.

노을

저 하늘도
하루의 허물을 반성하는가.

그 부끄러움이 얼마나 크기에
저렇게까지 붉게 타오를 수가 있을까.

크고 작은 봉우리들로
하늘과 맞닿은 저 산마저
하루를 정갈하게 하느라
저렇듯 붙어서 같이 타오르는가.

그 빛에 물들고자
온몸을 내맡긴 채 마주 서는가.

오징어 구이

내 몸은 오징어구이인가.

통증 만날 때마다
불에 덴 듯
이리 비틀리고 저리 비틀리면서
기우뚱거리며 오그라든다.

바다 속 깊은 곳에 살기에
늘 바다 위를 동경하더니,
저 잡으러 온 줄도 모르고
유혹하는 집어등集魚燈을 향해
불나방처럼 날아들어
구이 신세 된 모습이 같은 처지네.

노릇노릇 구워져
고향 사투리 같은 바다 짠내마저 사라지면
하루 종일 뛰어다니던
햇볕에 그을린 촌아이는
캡슐에 든 하얀 약처럼 창백해졌다.

내 다리가 열 개로 보이는 건

오징어 구이와 마신 생맥주 탓인지,
전생에 내가 오징어였는지……

고단한 일상에 구워져
오그라든 나의 자화상인지……

목련

나무에 연등이 걸렸네.

까맣게 마른 나뭇가지에
탐스러운 하얀 봉오리를
우아하게 펼치네.

전기 없던 세상에
처음 불이 들어오던 날처럼
환하게 핀 그 황홀한 자태는
밤새껏 잠 못 드는 청춘들의
애간장을 녹이기도 하지만,

나무에 피는 연등이라는
이름에 걸맞게
저 만큼 높은 데서
우리네 사연 다 들어주시느라고
저렇게도 하얗게 날을 지새운다네.

드라이브

사는 게 힘이 든다 싶은 날엔
운전석에 올라
창을 활짝 열고 드라이브를 한다.

차창 밖으로
욕심과
미움과
집착을
하나씩 하나씩 날려 보낸다.

냉정한 겨울 바람이
뺨을 때리며
미처 버리지 못한 마음들을
마저 버리도록 채찍질한다.

돌아오는 길엔
이른 새벽의 샛별이
나와 함께 동행하자고 따라온다.

화장법

오늘도 정성껏 화장을 합니다
변신하고픈 열망을 담아.

깊어 보이는 눈매를 위해선
아이보리와 브라운 섀도우를 바르고
콧대는 높아 보이라고
하이라이터로 강조를 합니다.

청순하게 보이려고
핑크빛 립스틱을 바르고
섹시하게 보이려고
새빨간 매니큐어로 마무릴 하지요.

문을 나서기 전
외로움이 새어 나갈까 봐
진한 무스크향의 향수를 뿌려요
누구도 다가오지 못하도록 듬뿍!

늘 바르고 그리고 뿌리면서도
변신 못한 채
외로움에 갇혀서 산답니다.

베란다 시작 노트 1

버려진 사과 상자와
스티로폼 상자를 가지고
베란다에 텃밭을 만들었다.

도시의 농부가 되어
어릴 적 시골 마당가에 엄마가 키우던
봉선화, 채송화, 맨드라미와
상추, 쑥갓, 실파, 고추를 심었다.

나의 베란다 정원이
꽃꿈, 소채꿈으로 자란다.

도시의 꽃들이 돋보이는 건
시멘트와 철근, 벽돌을 배경으로
피어나기 때문이라는
은근한 비밀도 들키기 마련이다.

내가 심은 건
꽃씨와 소채씨가 아니었나 보다.
자라는 식물 못지않게
나의 詩도 쑥쑥히 자라났다.

베란다 시작 노트 2

나의 꽃 사랑은 유난스럽다.

살림에 젬병※인 나는
시집에서 소박맞으면 어떡하냐는
늙은 엄마의 평생 걱정을
덜어드리고 싶어도 나아지질 않는다.

글 쓰는 능력이 타고나는 것처럼
살림을 사는 지혜도,
자식을 키우는 애정도,
화초를 가꾸는 열정도
타고 나는 게 아닌가 싶다.

엄마의 걱정대로 살림은 영 아니지만
글을 쓰는 일처럼
씨 뿌리고,
싹 틔워서,
꽃을 피우는 일은 곧잘 한다.

그런데다 그 일을 할 때의 즐거움이란……

더 다행한 일은
공들여 키운 화초에 꽃이 필 때면
우리 집 일상에도 꽃소식이 날아든다.

아직 봄은 멀리 있지만
탐스러운 꽃봉오리 맺을 그 날을 위해
쓰기 전에 읽고 또 읽고,
생각하고 또 생각하듯
화분을 뒤엎고 객토 작업부터 다시 시작한다.

※ 부꾸미, 전병(煎餠)

수련睡蓮

불타가 보리수 아래서
깨달음을 얻던 순간을 보여주듯
무심한 듯 뾰족하게 날카로우면서도
세상을 다 품은 듯이
한없이 해맑고 넉넉하게 둥글다.

지옥을 청소하겠다는 스님이
중생들의 힘든 사연을 들어주다가
연못을 미처 건너지 못하고
그 자리에 뿌리 내린 듯
너무도 눈에 익어 친근하면서도 고아하다.

잎에는 근심의 물방울 담아두지 않듯이
진흙탕 깊숙이 자리 잡고서도
물 한 방울 묻히지 않고
자신의 몸을 태워 어둠을 밝히는 촛불처럼
청순하게 고개만 내밀어 활짝 웃고 있다.

나는 누구일까

남편으로부터 독립하고
아이들로부터 떨어져 나오고,

큰 굴곡 없이 자라게 해 준 부모님 빼고
졸업한 학교 빼고
다녔던 직장 빼고,

화장 지우고
마음먹고 장만한 옷도 벗고
짝퉁 가방도 내려놓고
십 센티미터 쯤 올라간 신발에서도 내려오고,

유행하는 노래 따라 부르기,
베스트셀러 찾아 핵심 골라 읽기,
흥행 영화 찾아서 감상하기,
이런 일들을 일절 하지 않는다면,

나는 누구일까?

먼지처럼 가벼운 나는
땅에 발을 붙이고 있을 만큼의
존재감은 존재하고 있을지……

청춘이여

윤중로의 벚꽃이
칠흑 같은 어둠을 밀어내고
낮이 밤인지, 밤이 낮인지
구분도 못할 만큼
환하게 피어날 때는
지는 날을 상상할 수가 없었다.

바람이 이리저리 불 때마다
온 세상을 하얗게 뒤덮을 듯이
낙화할 때조차
아름답고 낭만적이었다.

오감을 마비시키는 꽃향기 때문에
하룻밤 잠깐 비로
그렇게 가뭇없이 사라져 버릴 줄은
정말 꿈에도 몰랐었다.

꿈꾸는 방

어려서부터
나만의 공간을 원했었지.
꿈과 추억을 간직할 수 있는
나만의 보금자리를 원했었지.

내 가슴속에 존재하는 그 방은
언제나 햇살 가득한 창으로
그리움이 은하수처럼 흐르고
우표 수집책만큼 오랜 추억들이
포도알처럼 주렁주렁 매달려 있었지.

소망으로 반짝이는
밤하늘의 별들이 마구 쏟아져내려
헤아리다 잠이 드는 옥탑방.

그런 방을 꿈꾸며
해야 할 의무만 가득찬 집을 나와
오늘도 '카페 베네'에 앉아 시집을 펼친다.

총각네 총각

자상하고 다정한
문자 메시지를 보내주는 총각이 있습니다.

추우면 감기 조심하라고
더우면 입맛 돋우라고
몸에 좋은 음식 추천에
설, 추석은 물론 복날에 보름까지.

그는 부르면 언제든지 날듯이 달려옵니다.
비바람 불고 눈보라 쳐도
도로가 주차장이 되어 막혀 있어도
밝고 환하게 웃으며 옵니다.

각자 떨어져 사는 부모 형제보다
우리 동네 총각네 총각이 가까운 건
당연한 생활의 결과.

해외여행을 마치고
꺼 두었던 휴대 전화기를 켜보니
총각네 총각이 보낸 문자 메시지
단 한 개라도 즉시 배달해 드립니다
양배추 1천원, 양파(소) 3천원, 수박 다량 입하

청계산

작년 봄 처음 만난 그는
대학 새내기처럼
풋풋하고 청순했다.

그에게 푹 빠진 나의 발걸음은 이어졌고
그는 녹음 우거진 품으로
더위에 지친 나를 시원하게 안아 주었다.

오, 서프라이스!
빨갛게 노랗게 갖은 멋을 부린 그가
온 세상을 뒤덮을 정도의
온갖 아름다운 꽃과 열매를 안기며
청춘을 고백하자
나도 그와 함께 붉게 타올랐다.

무심한 한 줄기 바람이 지나가자
어느 새 온몸에 메밀꽃 같은
하얀 가루를 뒤집어 쓴 그가
내 손을 땅 속으로, 나뭇가지 속으로 이끌었다.

저 속에서 '새 봄' 이라는 알을 품어야 한다고

소원 바위

청계산 매봉 밑에는
절에서 탑돌이를 하듯
합장하고 돌기 좋은 바위가 있다.

청계산 정기도 스미고
소원도 이뤄질 듯 영험한 몸짓……

노스님이 그 앞에 자리를 잡고
오르내리는 등산객들에게
소원을 빌면서 바위를 돌게 했다.

하루는
스님에게 감동한 등산객이
쌀 한 포대를 시주하고 갔다.

'이 쌀을 산 초입까지만 내려다 드리면 될까?'
'스님이 기거하는 절이 있기는 있을까?'
'쌀값을 드리면, 나는 이 쌀을 어떡하지?'
'그 사람은 무슨 생각으로 여기까지 쌀을 메고 왔을까?'
그 말을 들은 등산객들은 생각이 제각각인데,

일체 경계를 무심無心으로 보는 스님은
이 세상에 내 것은 하나도 없다고 여기지만
이왕에 들어온 쌀도 인연이기에
쌀 포대를 새털만큼 가볍게 메고
바람처럼 순식간에 사라지고 있었다.

하동에서

보이지 않는다고 없는 것일까?

작가의 깊은 의도는
글과 글 사이에 있고,
음악가가 정작 표현하려는 소리는
음표와 음표 사이에 있듯이,

봄은 매서운 바람 속에
은밀하게 숨어서 오는가 보다.

책을 보다가,
음악을 듣다가
문득 행간의 뜻을 깨닫듯이,

메마른 나뭇가지
뒤덮고 있는 하얀 눈,
그 속에 숨겨져 있는
새빨간 매화 봉오리.

봄은 보이지 않게
땅 속부터 사람 마음까지 다 들쑤셔놓고
순식간에 왔다가 사라진다.

쌈닭 1

고속도로를 달리다 보면
질주 본능이 살아나듯
돌을 잡으면 쌈닭이 된다.

수 차례의 전쟁으로
변변한 집 하나 없이
도망갈 곳 없는 죽은 목숨인 데도
돌을 던지기는커녕
먹이를 찾아 산기슭을 헤매는 하이에나처럼
팻감을 찾는다.

계획한 수순대로
또 한 차례 전쟁을 일으키자
상대방도 가만 앉아서 당할 순 없다며 덤비고
판은 또 피 튀기는 전장이 된다.

도를 닦으며
인생 좀 고상하게 살아보려고
시작한 게 바둑인데,
어떻게 된 게 돌만 잡았다 하면
매번 쌈닭이 되고 마는가.

쌈닭 2

고향을 떠나 객지에 나온 데다
주변머리 없으셨던 아버지는
좋아하는 바둑을 둘 상대가 없자
동생과 나에게 바둑을 가르치셨다.

동생과 대국을 하면 늘 지는 건 나였다.

아버지의 상대로 뽑히기 위해
벌개진 얼굴로
한 번 더, 한 번 더 하다 보면
동생이 원하는 건 다 들어줘야 했다.

그 때 인생의 모든 진리는 다 깨달은 셈이다.

집착은 인간을 추하게 만들고,
요행만 바라는 한탕주의는
상대방 실수만 기다리는
비겁함을 키울 뿐이라고.

패배에 대한 승복은
얼마나 자유롭고 편안함을 얻는지를!

촛불

누구의,
간절한 소원을 담았기에
뜨겁게 흘리는 눈물은
녹지도 못하고
그대로 굳어지는 것일까?

한 떨기 바람에도 흔들리는
연약한 생명에
절박한 소망마저 위태로워진다.

불경소리 끊기지 않는 대웅전 앞에서
기도하는 불자의 가슴 가슴마다 머물러
힘겹게 살아나며 제 한 몸 불사른다.

묵은지

연이은 열대야로
며칠째 잠 못 이룬 피로와
한낮의 불볕더위로
손 끝 까딱하기도 싫어
묵은지 하나 놓고
찬밥에 물 말아 먹는다.

후텁지근한 마음의 더께
한 줄기 바람에 훌훌 날려 보내듯
속 다 털어내고
깔끔하게 씻은 묵은지가
입맛 없는 여름철엔 최고의 반찬!

제대로 푸욱 곰삭아야 낼 수 있는
이 맛을 가르쳐 주시려고
무뚝뚝하기 이를 데 없는 아버지는
김장독 묻을 마당가를
해마다 그렇게 깊이깊이 파셨나보다.

악몽

나는 오십이 다 된 지금도
키가 크려는지 수시로 악몽을 꾼다.

누워있는 내게로 천정이 내려오거나
마주보는 두 벽이 붙을 듯이 다가오거나
무시무시한 괴물에 잡혀 먹힐 것 같은……

어렸을 때는 이런 꿈을 꾸고 나면
키라도 여름철 죽순 자라듯 쑥쑥 자랐는데,

어른이 되어선
악몽 같은 현실을 허다하게 겪다보니
꿈조차 실제 상황만큼 고통스럽다.

이 나이에 키 크려고 악몽을 꿀리는 없기에
꿈에서 깨자마자
아름다웠던 추억과 행복했던 일들을 들춰내본다.

꿈은 반대라고,
미래의 악몽을 달콤한 꿈으로 바꾸기 위해
다가올 미래의 모습을 황금빛 희망으로 덧칠한다.

그리움 1

셀 수 없이 많은 날들을
불면의 밤으로 지새우고
충혈된 눈이
온몸과 마음을 지배할 때 조차
캄캄한 밤하늘에
반짝이는 단 하나의 샛별처럼
잊혀지지 않는다.

눈처럼 녹지도 않고
앙금처럼 가라앉지도 않고
내 안에서 망망대해를 표류하듯
이리저리 떠다닌다.

첫사랑 1

이 세상 다 쓸어갈 듯
끝도 없는 장대비가
며칠씩 내리다가도
용광로처럼 무쇠라도 녹여낼 듯
뜨거운 햇볕이 내리쬐고.

그러다가도 어느 새
태풍까지 동반한 폭풍우가
밤새도록 세상을 뒤흔들더니
다음 날이면 언제 그랬냐는 듯
햇님이 밝게 웃고 있었다.

여름만 되면 날씨만큼이나
정신 못 차리게 변덕스러웠던
스무 살 그 시절이 그리워진다.

해가 나와 있는 데도
비가 지나가면서 무지개를 만들면
여우가 시집가고
호랑이가 장가간다는 얘기에도
부끄러워 눈길을 피하며
풋풋하게 설레던 그 시절이.

겨울 바다 1

–을왕리에서

인생의 희로애락을
밀물과 함께 밀고 왔다가
썰물과 함께 데려가는 바다.

인생사 소풍 온 듯
잠깐 놀다 가는 곳이라더니,

겨울에 작별을 고하듯이
축축한 안개비 내리는 날,
소주에 회 한 접시 비우고
비둘기와 함께 모래밭 잠깐 걸었더니
바다가 어느 새 하루를 데려갔다.

하루는 곧 한평생이라는데……

유난히 잘 웃고 장난기 많았던 친구를
하루가 다 저물었다며
그 날, 그 바다가 데려갔다.

그 친구의 코와 입에서 뿜어져 나오던 피비린내와

을왕리의 물비린내가 뒤섞여
축축한 안개비로 내리다가
배 멀미가 난 듯 울렁거린다.

다음 밀물 때는
어린아이보다 해맑은 그 미소만
매일매일 데려오라는 간절한 기도가 서글프다.

겨울 바다 2
–을왕리에서

겨울 바다를 보기 위해
친구들과 을왕리를 찾았다.

한 친구가 말했다.
하늘에 거주하는 아내가
하늘과 맞닿아 있는 바다의 파도에다
그녀의 소식을 담아 보낸다고.

밀려오는 파도에
아내 소식을 들으면
빠져 나갈 땐 답장을 보낸다고.

첫사랑 소녀를
영영 잊지 못하는 친구는
영원히 닿을 수 없는
첫사랑의 추억을 묻어둔
비밀창고라고 했다.

시에 미쳐 있는 친구는
시의 영감을 주는 원천이라고 했다.

나에게 있어 수평선은
하늘과 소식을 주고 받는 곳이기도 하고,
슬픈 이별의 장소이기도 하고,
시의 영감을 얻기도 하는
그 모든 의미라고 했는데,

사실은
세 명의 친구이자 문우文友를
더 깊게 보듬게 된 추억의 보금자리.

2부 비움의 미학

거대한 산은
모든 사연을 다 담고 있음에도
소리낼 때는 빈 메아리로 울린다

신발의 自敍

닳면 버리셔도
불평하지 않아요.

짓밟히고 짓눌려도
당연하게 받아 들여요.

당신이 가볍게 버리더라도
당신을 탓하지 않아요.

처음 만날 때는 어색하지만
시나브로 편안해져요.

과적에 닳고 닳아져
버림을 받는다 해도
원망은커녕 아무렇지도 않아요.

잔설殘雪

저 정도는 되어야지
나도 저 정도는 되어야지
몇 번이고 되풀이해서 다짐한다.

본격 추위가 시작되면서
기인 담장을 따라서
깊은 그늘을 따라
추운 곳을 알려주는 이정표처럼
반짝임조차 없는 약한 빛으로.

세상의 온갖 먼지와 때를
다 받아들이고서
따뜻한 사랑에 녹다가도
가슴 아픈 사연에 다시 얼기를 반복하다 보니
땟국물이 줄줄 흐른다.

그네들과 함께 울고 웃느라
겨울이 깊어 가는 줄도 모르고
또 새로운 눈이 그 위를 덮는 줄도 모른 채
응달진 곳을 든든하게 지키고 있다.

연둣빛 찬가

온 세상이 연둣빛 천지다.
꽃잎 진 자리에
살그머니 고개 내밀던 새순이
손바닥만한 이파리가 되어
부채 펼치듯 나무를 덮고 동네를 덮고
어느 새 온산을 뒤덮었다.

연둣빛 이파리는
새의 깃털처럼 여리지만
막 태어난 갓난아이의 울음보다
더 강한 생명력이 경이롭다.

그 잎에 손을 대면
깊은 산 속 샘물보다 더 맑은 물이
가슴 골짜기에 흐를 듯 하고
햇빛에 반사되어 빛날 때는
다이아몬드보다 더 영롱하다.

여름으로 가기 전
스스로 거기까지만 푸르른 상큼한 연둣빛 세상.

점점 무거워지는 어깨에 선녀 날개 달아 주듯.

비움의 미학

백자가 아름다운 건
채워야 할 여백을 남겨 두어서이고

동양화가 멋스러운 건
넉넉하게 비워 놓은 여유가 있어서이리

거대한 산은
헤아릴 수 없이 많은 꽃과 나비,
봉우리와 골짜기,
죽은 자들의 무덤과 사연까지
모두 담고 있음에도
소리 낼 때는 빈 메아리로 울린다.

나도
그런 비움의 백자 여인이 되었으면……
여자가 아름다운 건
미지의 신비가 있기 때문이리.

세일

눈만 뜨면
사방팔방에서
홍수처럼 쏟아지는 갖가지 이름의 세일들,
정기 세일,
반액 세일,
창고 개방,
점포 정리……

나도
나의 걱정거리들을 세일하고 싶다.

정기 세일엔
째째한 일상으로 인한 소심함을
지나는 바람에 팔아 치우고,
반액 세일엔
나만 잘 살겠다는 욕심과 집착을
밤하늘의 달과 별에 떨이하고 싶다.

창고 개방엔
잘난 체 하는 마음을
구름에게 팔아 깨끗한 비로 씻고,

마지막 점포 정리 땐
그저 덩어리에 지나지 않던 물건도
가운데를 덜어내면
유용한 그릇이 되듯,

덜어내고, 비워내야만 비로소
채워지는 인생을 세일에서 배운다.

겨울 숲 1

겨울 숲은 정지된 시간,
고요한 정적만 흘러도
톱니바퀴 기름칠이 치열하다.

보이는 건 다 암울한 잿빛이지만
속에선 찬란한 봄을 피우기 위해,
화려하게 채색하기 위한 준비로
대청소로 분주하다.

그 곱던 잎 다 내려놓고
벌거숭이로 남았을 때,
온 세상을 다 얼어붙게 하는
영하의 기온에 발견한 초현실의 난로.

금방 진눈깨비 날릴 것 같은
회색빛 하늘을 올려보다가
발견한 林立한 나무들
주렁주렁 매달려 있는 젖꼭지.
이 추위에도 굴하지 않고
저렇듯 봉오리를 맺는구나.

겨울 숲 2

여름마다 돌풍을 동반한 태풍으로
깊고 오래된 숲은
군데군데 원형탈모처럼 황폐해졌다.
잎이 무성할 땐 가려져 있다가
한겨울에만 드러나는 맨얼굴이다.

살점이 뭉텅 베어져 나간 듯
흉측한 흉터처럼 보이던 그 자리에
몇 해 전부터 갓난 나무들이 심어졌다.
한여름엔 제법 그럴싸하게 그늘도 만들었다.

낙엽 지고 나니 앙상하게 드러나는
메마르고 여린 어린아이의 몸에
기증자들의 이름과 소망,
소속 단체 적힌 팔찌를 차고 있다.

10여 그루 넘게
'수빈아, 건강해라' 고 쓰인 소망과 이름을 보며
나무를 정말 사랑하는 사람이든지
돈 많은 기증자이겠거니 생각한다.

아아, 그러나
숲이 끝나는 길엔
'수빈아, 우릴 기억해다오'
……

숲을 돌아 부는 바람소리가,
나뭇가지 사이를 뚫고 숲길을 적시는 겨울비가
흐느낌처럼 느껴지는 건
괜한 착각일까.

배추의 일생

거센 비바람이 불고
햇볕이 제아무리 뜨거워도
움직일 수도 없고, 피할 수도 없다.

오히려 그들의 강한 기운을
뼛속 깊숙이 받아들여야만
속까지 꽉 찬 성장을 할 수 있다.

성장을 마치고 속세에 내려가면
뻣뻣하던 자존심은 소금에 절여져 푹 수그러들고,
궁합 꼭 맞는 천생연분의 양념들과 만나서
넘치게 강한 맛은 죽이고
부족해서 심심한 맛은 정성으로 채워 넣는다.

은근하면서도 중후한 소리를 낼 때까지
거문고의 줄을 고르듯이
깊고도 숙성된 소리 같은 맛이 나도록 기다린다.

푸욱 익힌 맛있는 김치가 되면
비로소 끝나는 소임,
사람들의 입에서 감탄사로 새로이 태어날 때!

일시정지

내게 초능력 중 하나를
선택할 수 있는 기회가 온다면
나는 삶을 일시정지할 수 있을까.

나의 삶은
상과 벌의 연속!

상 받았을 때의 행복한 순간
'일시정지'를 눌러 놓고
오래오래 행복하고,
벌 받았을 때 힘든 순간
'일시정지' 눌렀다가
힘든 시간 지나간 후에
'재생' 기능을 살려낸다.

나에게 필요한 건
삶에 순응하기 위한 약간의 백지상태와
영원한 행복으로 들어갈 수 있는
누름과 풀림의 버튼.

梅花畵法

초건梢健
갓난 아이의 우렁찬 울음처럼
생명이 넘쳐 흐르고

지청枝淸
힘차게 버둥거리는
팔 다리는 곧게 쭈욱 뻗어 있다.

화기花奇
천년을 하루같이 자라선
드물게나마
하나씩 향기로운 꽃을 밀어올려

체고體古
장년이 되어선
무르익은 풍채에 연륜이 배인다.

헌괴軒怪
오랜 풍상으로 마르고 뒤틀린 모습이지만
세상사 어떤 사연에도 초연한 듯 굴하지 않고
춘설 속에 꽃을 피워내는 봄의 전령.

운동 중에

장난기 어린 아이들도
내 또래의 중년도
한참 멀리서 뒤따라오던 백발 노인도
나를 뒤로 하고 금세 앞질러 간다.

발걸음뿐만 아니라
옷차림마저 새털만큼 가벼운 그들을 보자
오기와 투지가 샘솟는다.

그것도 마음뿐
천근 만근이나 되는 발목은
정신력까지 동원해야
간신히 몇 걸음 떼어 놓을 뿐이다.

그러다 번쩍하는 뭔가를 발견하고 줍는다.
금목걸이일까.

어린아이가 문구점에서 산 악세서리인지,
내 또래가 보석점에서 산 건지는 알고 싶지 않다.

늘 아프고 지쳐서

뒤처질 수밖에 없는 내가
싹이 나는 소리, 꽃이 피는 소리, 낙엽 지는 소리를
먼저 듣듯이
이런 발견의 기쁨도 좀 있어야 하지 않을까?

병원 풍경 1

백혈병 아들 둔 엄마가 위로합니다.
"워쩐디야? 가장이 아파서……"
피곤에 찌든 젊은 여인이 무표정하게 일어섭니다.

끈적끈적하게 간신히 남아 있는
생명의 찌꺼기들이 온몸으로 절규하는 암병동.
"아프지 않게 해 주세요"
"낫게 해 주세요"
"살고 싶어요"

"아빠가 벌어야 간병이라도 맘 편히 하는디……"

두 병자의 생사 넘나드는 전쟁터를
몇 번이나 같이 겪은 옆 침대의 아들 엄마가
젊은 여인에게 도시락 가방 쥐어 주며 등을 떠밉니다.

"후딱 아그들 밥만 챙겨주고 오더라고오"

여인은
자신이 없는 잠깐 사이의 남편 걱정에

엄마 오기만을 기다리고 있을 아이들 걱정에
오도가도 못하고 그 자리에서 서성입니다.

병원비 중간 계산을 위해
현금지급기로 간 여인은
'잔액부족'을 보자
그 자리에 못 박힙니다.

병원 풍경 2

인생은 참 불공평하다.

평생 술이라고는 담 쌓고 살아왔다는
302호 아저씨는 간암이고,
담배 한 모금 안 피웠다는
501호 아줌마는 폐암이고,
만 18세까지만 걸린다는 골육종이라는 병에
내 친구의 아들은 19세에 걸려 사투 중이다.

왜 하필 나냐는 분노도 잠시
병마와 싸워 이겨내고야 말리라는
전의에 불타 오른다.

이들에게 죽는 것만큼 힘든 게
먹는 일이지만
먹는다는 게 살아 있다는 뜻이기에
먹다가 토하고, 토하다가도 또 먹는다.

죽고 사는 게
종이 한 장 차이로
너무 가까이 있다는 걸

깨달아 갈 때 즈음엔
남겨두고 가야 할 시간이 안타까워
간절히 간절히 기적을 기다리지만……

다른 세상으로의 이사가
혹시 앞당겨질지도 모른다는 생각에
가장 행복했던 순간들의 추억을
있는대로 다 꺼내어놓고 펼쳐본다.

인생 매뉴얼

일상이 무료할 때
나는 하는 일이 있다.
텔레비전 사용 설명서,
냉장고 사용 설명서,
휴대폰 사용 설명서……
매뉴얼을 보고 실행시키기이다.

주요 기능은 이미 알아서 잘 쓰고 있지만
꼼꼼히 읽어보고 작동하다 보면
몰랐던 게 너무 많다.
새삼 깨닫는 인생의 진리 같은
거대한 기쁨보다 더 알차고 실속 있다.

내 인생 매뉴얼도
정리하는 계기가 된다.
정확한 작동을 하다 보면
숨어있는 기능을 알게 되고,
잘못된 실수들도 되돌아보게 되고,

해서는 안 되는 행동을 알려주는
인생 지침서가 된다.

들꽃

깊은 산 속
암자로 오르는
오솔길가에 피어 있는
이름 없는 들꽃을 바라본다.

나도 저들만큼
화려한 미소로
기쁨과 위안을 줄 수 있을까.

길을 걸으며
나를 바라보는 당신에게 줄 수 있을까.
들꽃 같은 웃음 줄 수 있을까.

명품인생

샤넬 로렉스 루이뷔통으로 치장하고
값비싼 외제차 몰면서
사장님으로 VIP 대우 받으며 사는 삶,
너무 너무 좋겠다아.

전 세계를 유람하면서
유명한 공연 관람하고
소장하고 싶은 작품들 사들이며
마음에 드는 예술가들 후원해 주는
그런 삶도 부럽다.

그래서 따라하는 외모 치장은
당신 없는 공허함을 채우기 위한,
외로움을 견디는 나의 방식이란 걸
당신은 모르리라.

산해진미보다는 산나물과 채소,
백 송이 장미보다는 한 떨기 야생화,
해외여행보다는 당신과 함께하는 산책길이,
내가 원하는 삶이라는 걸 당신은 아는가.

정상의 길만을 안내하는 네비게이션을 따라
각자 제 시간에 가는 것도 좋겠지만
잘못 가기도 하고
엉뚱한 곳을 헤매더라도
당신과 함께하는 게
내가 원하는 명품인생이란 걸 당신은 알아야 한다.

인생시계

나의 인생시계는 오후 3시
아직 긴긴 오후와 저녁이 남아 있는 데도
벌써 잘 준비 하느라고 분주하다.

산길을 걸어도 불편하지 않을
운동화를 신고 산책을 나간다.
국토횡단이라도 하는 것처럼
끝없이 걷고 또 걷는다.

구토증이 올라오는 순간까지 걸은 후에야
새털만큼이나 가벼운
저녁식사를 한다
와인 한 잔과 함께.

너무 진한 감동이나 흥분은 좋지 않으므로
뉴스 시청 대신 클래식 음악을 튼다
적당히 데운 우유와 책도 잊지 않고 챙긴다.

숙면을 부르는 책은
제정신으로는 단 한 줄도 읽기 싫을 정도로
난해하고 지루할수록 좋다.

밤이 깊어지면
시계 가는 소리에 초조해져 또 잠 못 이루고
다음날이면 무용지물인
엄청난 양의 글을 쓰느라
오늘도 날을 하얗게 새고 만다.

자화상

내가 20대였을 때
의사는 내 뼈 나이가 70대라고 했다.

유명하다는 통증 클리닉 찾아다니고
용하다는 별별 약 다 써 봤지만
늘 고생만 하고 마음의 병까지 더하게 되었다.

혹부리 영감이 혹 떼려다
오히려 하나 더 붙이게 된 것처럼
이건
내 인생에 있어 유일한 숙제!

이마저도 안 하고 떼어 없애려 몸부림치다가
혹부리 영감님처럼 더 받게 될까봐
이제는
내 인생의 동반자려니 여기며 산다.

약 복용법

감기약을 처방 받아왔다.
이 약은 오늘부터 내일 모레까지 3일분치란다.

아픔이 심해져도, 좀 나아져도
아침 점심 저녁, 세 번씩 꼭 먹으란다.
아플수록 밥심으로 살아야 하니
반드시 식사하고 30분 후에 복용하란다.

중병도 아닌 고작 감기일 뿐인데도
먹는 시간과 소화될 그 시간도 못 참는다.
열과 기침을 희석시켜 준다는 물약만큼씩
인내심이 좋아졌으면……

그래도 모르는 게 있으면
전문가에게 물어보라 하니 뭐가 걱정인가.

본래 인간 육체는
나약하고 단단하질 못해서
어차피 병치레와는 함께 가는 동반자인데
부디 몸의 뿌리인 마음만은 아프지 않기를,
아프더라도 감기 정도로 딱 3일에 끝나기를!

그리움 2

길게 뚫린 벚꽃 나무 터널을
잔인한 4월이 거짓말처럼 지나간다.

얼어붙은 땅을 밀어내고 솟아나는
새싹의 강인함을
배우지 못한 채
영원한 방학에 들어간 소녀야!

여름 방학은 너무 길어서 싫고
겨울 방학은 더 길어 싫고
그나마 봄 방학이 낫다더니……

네 생각이 날 때면
나도 모르게 주술을 걸듯
불쑥불쑥 중얼거린다
어서 개학을 해야 한다고.

그 너머로
우울한 4월이
또 한 번의 벚꽃과 함께
꿈결처럼 어지러이 흩어지고 있다.

홍시

잘했다 잘했어, 참 잘했다.

공들이고 또 공들여 통통한 감꽃 피워서
간신히 손톱만한 열매 맺더니
어느 새 어른 주먹보다 더 커서는
파란 하늘 군데군데 병풍을 쳐 놓은 듯
주황 물감 천지네.

금방이라도 터질 듯한
보드라운 아기 볼을 닮은 살결
빛깔은 또 어쩌면 저리도 탐스럽게 물들였을까?
멋드러진 엽서를 대신해도 될
넓적한 이파리까지.

그 정성 갸륵해
금방 만나게 되어 있긴 하지만
겨울에게 편지를 쓴다.
하늘 제일 가까이 자리잡은 우편 배달부,
까치밥이 전하리라 믿고.
내년에는
잘했다는 칭찬 더 많이 많이 받겠노라고.

첫사랑 2
– 〈선영아 사랑해〉를 보고

…… 순간,
심장이 쿵하고 떨어졌다
심장 뛰던 게 멈춘 것 같았다.
나도 모르게 눈물이 핑 돌았다.
한참을 정신 못 차리고
그 자리에 못 박힌 듯 서 있었다.

무심하게 지나치는 수많은 행인들,
버스 안 승객들,
작은 차 안에 타고 있는 사람들까지 다 볼 수 있게
큰 사거리 교차로마다
〈선영아 사랑해〉라는 대형 플래카드였다.

저토록 정열적인 사랑 고백을 받는 '선영' 이
나 자신인 것 같아 가슴 설레이기도 하고
'선영' 이 마치 나의 연적이라도 되는 것처럼
질투심에 잠을 설치기도 했다.

시간이 흐른 후
그게 어떤 회사의 광고였다는 걸 안 이후에도

내가 '선영' 이가 아닌 게 속상할 뿐이었다.
'선영' 이라는 이름이 부러웠다.
광고를 만든 사람의 첫사랑이
'선영' 이었을 거란 생각에.

첫사랑 3

정체성은 변하기도 하지만
본질은 변하지 않는 듯.

꽃샘추위 속에 폭우와 강풍이 몰아쳐도
봄은 꽃도 피우고, 뜨거운 여름을 부르듯이

오늘은 동창들 찾아다니며 보험을 팔지만
한때 그는 모든 노동자들의 희망이었다.

신분상승을 꿈꾸며
도서관에 파고 사는 친구들을
거리로 불러내 새로운 세상을 만들고자 했다.

온몸이 붉게 물들도록
날을 새워 대자보 쓰면서도
눈길 한 번 주지 못하고,
고백 글 한 줄 쓰지 못한 채
그 아픈 사랑을 삭발 단식투쟁으로 달랬다.

지금은 무능으로 낙인이 찍혔지만
상처만큼 강하고 아픈 사랑이

지금까지도 캠퍼스의 전설로 전해진다.

화려하게 캠퍼스를 뒤덮었던 꽃들이
속절없이 지는 날에도
그는 거기 그대로 고스란히 머물러 있다.

오백원의 휴식

시내에서 친구와의 만남이 어긋나자
낯선 번화가가
거미줄처럼 더 복잡하게 보이면서
숨어 있던 피로가 물밀듯이 밀려왔다.

바로 옆에 있는 맥도날드로 들어가자
어린 학생들, 젊은 연인들이 나만 보는 것 같고,
그들만의 공간에
나는 마치 불법 침입자 같았다.

중년의 아줌마는
떼로 몰려다닐 때나 수다스럽지
혼자일 때는 늙고 초라할 뿐이다.

나도 그 풍경에 끼어야겠다는 마음에
오백원짜리 아이스크림을 사서
천천히 먹기 시작했다.

그러자
우는 아이에게 아이스크림을 줬을 때
울음을 뚝 그치는 것처럼

나 역시 그 곳에 처음부터 있었던 사람처럼
편안해졌다.

낯선 길 찾을 때마다
이정표가 되어주던 맥도날드에서 찾은
오백원의 달콤한 휴식.

눈을 뜨고 마음을 열면
세상 어디든 다 휴식처.

농부의 얼굴은

농부의 얼굴은 대지의 모습,
얼굴 가득 논바닥처럼 갈라진 주름은
인공눈을 만들어
사막에 스키장을 지어도
해소되지 않는 갈증입니다.
기우제를 올리는 간절한 마음입니다.

농부의 얼굴은 대지의 모습,
얼굴 가득 밭이랑처럼 골 깊게 파인 주름은
한 포대의 쌀과 콩, 밀가루를
싼 값으로 살 수 있음에도
우리 것을 지키겠다는 의지입니다.
이 땅을 지켜야 하는 뿌리입니다.

농부의 얼굴은 대지의 모습,
얼굴 가득 가을 햇살 담은 그 미소는
젊은 날의 방황도,
지난 여름의 태풍도 다 보내고
영글어가는 황금들판을 마무리하는 마음입니다.
멀리 있는 자식들에 대한 기도입니다.

한밤에 외치는 호소

지지직 지글지글 찌지직
주파수 맞지 않는 라디오 소음처럼
온갖 잡생각으로 들끓는 머릿속,
생활의 피로가 담긴 남편의 코고는 소리,
어느 집의 쿵쿵거리는 발자국 소리,
하수관을 타고 밤새껏 내려가는 물소리,
도로에선 폭주족들의 경적소리 급정거소리

어느 것 하나 귀에 거슬리지 않는 게 없고
잠은 너무나 자고 싶고
이런저런 것들은 나를 절대 보내주지 않는다.

밤엔 자고 싶다!!!

남자의 목소리가 더 절박한 건 나를 대신해서일까
"인~썸~니~아~~~"를 애절하게 부르던
남자가수의 목소리가 기억에서 멀어져가며
오늘도 지저귀는 새소리가
자장가를 대신할 즈음에야
간신히 환청 같은 잠으로 이동한다.

겨울 바다 3
-을왕리에서

겨울 바다를 보기 위해
친구들과 을왕리를 찾았다.

한 친구가 말했다.
하늘에 거주하는 아내가
하늘과 맞닿아 있는 바다의 파도에다
그녀의 소식을 담아 보낸다고.

밀려오는 파도에
아내 소식을 들으면
빠져 나갈 땐 답장을 보낸다고.

첫사랑 소녀를
영영 잊지 못하는 친구는
영원히 닿을 수 없는
첫사랑의 추억을 묻어둔
비밀창고라고 했다.

시에 미쳐 있는 친구는
시의 영감을 주는 원천이라고 했다.

나에게 있어 수평선은
하늘과 소식을 주고 받는 곳이기도 하고,
슬픈 이별의 장소이기도 하고,
시의 영감을 얻기도 하는
그 모든 의미라고 했는데,

사실은
세 명의 친구이자 문우文友를
더 깊게 보듬게 된 추억의 보금자리.

3부 귀가 열린다

추억으로 잠자고 있던 겨울 풍경들이
눈에 선하게,
귀가 번하게……

思母曲 1

우리 엄마가 암이래요
강철 같은 우리 엄마가요

무뚝뚝의 대명사인
우리 엄마가 애교를 떠네요
생사를 숫자로만 말하는 의사한테
"살 수 있다는 말이지요?"라며.

여자도 아니었고
좋다 싫다도 없던 엄마가
환자복이 싫다네요
후레아 스커트에
붉은 자줏빛 벨벳 구두만 신겠대요.

오로지 집밖에 모르던 엄마가
집엘 안 가겠다네요
링거액 꽂고
병원에만 계속 있겠대요.

평생 우리만 알던 엄마가
약만 찾아요

민간요법이라는 돌미나리즙을
하루 종일 찧어 마셔요.

살아남아 우리 곁에 있어준
고마운 우리 엄마가요.

思母曲 2

안있나 엄마.
사실 내는 엄마를 별로 안 좋아했데이
너무 가식적이라꼬 싫어했다카이.

엄마는 초파일을 지키면서도
크리스마스 츄리를 만들어주었고,
우리 오남매 생일엔 먹을 게 없는 데도
꼭 동화책을 선물해 줬제?
뼈가 빠지게 일하면서도
빼먹지 않고 쓴 일기를
우리 보는 데 놔뒀다 아이가.

일기를 훔쳐 본 동생들이
전지전능한 엄마한테 빠져 살 때
내가 엄마한테 못되게 굴었던 거 내 다 안다.

늘 친구 같고 소녀 같은 엄마를
친구들이 부러워해도
엄청 심술 부린 거, 엄마는 몰랐제?

눈치 없고 뻣뻣한데다

쓸데없는 고집만 세어서
억지부리다 안 되면 화내는 내한테
항상 잘못한 척 미소를 보내줄 때조차
짜증을 냈다 아이가.

지금은
내가 그 때의 엄마가 되어
엄마가 그랬던 것처럼
엄마 같은 엄마가 되고 싶은데
그 때의 벌을 받는 건지,
내사 통 모르겠다고마.

있제 엄마.
오늘 따라
어린 시절
종합선물세트 같았던
엄마 닮기가 참말로 어렵다카이!

그 남자 이야기

그 남자는 텔레비전을 공부하듯 봅니다
유행어를 배우기 위해 온갖 예능 프로그램을 섭렵합니다.

그 남자는 최신 유행가도 열심히 연습합니다.
눈 감고 가사를 안 보고도 부를 정도로요.
그 남자는 동화책을 즐겨 읽는 답니다.
유치원생처럼 또박또박 소리를 내어서요.

그 남자는 매일 받아쓰기 연습을 합니다.
백점짜리 시험지가 수북히 쌓였다니깐요.
별로 재미있지도 않은 유머를 날리는 게 몸에 밴 그 남자는
외국인보다 더 외로운 건 이방인이라네요.

오지랖 넓은 푼수짓으로 낄 데 안 낄 데 다 끼어서
늘 우리와 함께 하고 싶어하는 그 남자는
가장 한국적으로 생긴 내 동생과 결혼을 했답니다.

파란 눈에 금발인 그 남자는
이게 다 이 땅에서 살아가는 방법이라네요.

외할머니

오래 전에 할머니가 된 엄마와
편찮으신 외할머니를 만나러 갔다.
당신의 딸한테
'엄마, 엄마, 엄마!'라 부르며
손을 잡고 어린애 뛰듯이 뛴다.

엄마이기보다는
영원한 딸에 머물고 싶은
할머니의 슬픈 마음이 보였다.
우리 오남매에게 워낙 엄하셨던 외할머니,
조그만 잘못에도 호되게 나무라셨다.

우리 집 다녀가실 때마다
오남매 키우는 당신 딸의 고생에
떨어지지 않는 무거운 발길에 달려 있던
뜨거운 눈물 눈물 방울들.

전구를 켜는 것처럼
사람의 두뇌도 켤 수 있는 장치를 개발해
할머니의 그 스위치를 켜드릴 수만 있으면……

할머니의 꾸지람이 더욱 간절해진다.

인생 요리법

엄마의 된장은
동네에서 알아주는 맛을 낸다.

결혼한 이후부터 지금까지
엄마는 매번 그 된장을 넘치게 퍼준다.

"친정 것 얻어먹으면 가난하게 산다"면서
꼭 잊지 않고 돈 십 원을 빼앗다시피 가져간다.
언제, 무엇을, 어떻게 넣고
맛있게 끓이라는 당부도 잊지 않는다.

엄마가 시키는대로 20년을 끓였는 데도
맛은 엄마의 된장만 무안케 할 뿐이었다.
쓰고, 짜고, 맵고……

마침내 20년이 지나자
맛도 세월에는 못 이기는지
제법 뚝배기와 어울리는
깊은 맛이 나기도 한다.
나만의 요리법도 생겼다
언제, 무엇을, 어떻게 넣어야 하는지!

몸에 좋다는 갖가지 건강식들이
블랙홀처럼 대형 냉장고를 꽉 채우고 있어도
된장찌개에 딱 어울리는 재료는 따로 있듯이
내 인생에 어울리는 재료들은 무엇일까?
또 그들은 언제, 어떻게 넣어야 할까?

그 요리법을 얻으려면 또 20년이 흘러야 할까?

귀가 열린다

겨울이 깊어갈수록 귀가 열린다.
아궁이에 불 지피던 시절,
매서운 겨울밤을 데우시느라
맞춰진 알람 시계처럼
한밤중에 일어난 엄마가 피우는
장작소리 타닥타닥 타 들어가는 소리.

연탄불 때던 시절엔 으스스 떨면서
잠이 묻어 있는 발걸음으로
연탄불 갈고 들어가는 엄마의 발자국 소리.

거실 한복판에 석유 곤로 들어오자
따라온 노란 양은 주전자는
모락모락 김을 내며 늘 아기 숨결처럼 쌕쌕거렸고
그 속엔 여러 해 입어서 낡은
스웨터를 푼 뽀글뽀글한 실이
새 것처럼 쭈욱 뻗어 나왔다.

오래된 책갈피 속에
추억으로 잠자고 있던 겨울 풍경들이
눈에 선하게, 귀가 번하게,
날씨가 얼어붙을수록 엄마 생각 간절하다.

우리는

나는 늘 심각했고 그는 늘 단순했다
오로지 상처 주기 위해 했던 말과 행동들……
서로가 참아야 했던 많은 것들만 생각했기에
우리의 행복이란 건
창밖에 따로 서 있을 수 밖에 없었다.

낱말 맞추기 퍼즐처럼
채워지지 않는 부분이
늘 빈 칸으로 남게 되었고,
끝없는 고통의 시간이
서로 각자에게 들러붙을수록
껍데기만 오가더니
결국 치유할 수 없는 상처는
벽과 벽을 만들었는데……

몇 해 전 나왔던 죽순이었던 새순이
어느새 우리보다 더 큰 대나무가 되어
내려다보고 있는 게 아닌가!

낱말 맞추기의 빈 칸이 꼭꼭 채워져 가던 어느 날,
나는 단순해져 가고 그는 심각해져 가고 있었다.

인욕忍辱

–입대하는 아들에게

아들아!
누구는 그러더라
'희망' 을 원한다고 해서
함부로 희망해서 안 된다고.

비바람 몰아치는 폭풍의 밤을 지나고,
기인 쇠잔의 기운을 겪다가
더 오랜 시간 폐허라는 이름 위에
비로소 찾아오는 게 희망이라더라.

아들아!
토끼와 거북이의 경주 이야기, 알지?
거북이가 이겨내야 했던 건
토끼가 아니라
거북이 자신이었듯이
인내忍는
참을 수 없는 것辱을
참아내는 것이란다.

사랑하는 아들아!

살다보면
참아서는 안 될 일들도 참 많단다.
그래서 수없이 상처도 받고
실패해서 좌절도 하게 될거야.

그런 상처와 실패를 묵묵히 받아들여 보렴.
그러다보면 너의 스무 살은
삶의 지혜라는 보상과 함께
빠르고 무사히 지나갈거야.

단풍 남매

다섯 손가락 깨물어
아프지 않은 데 없다고
우리 오남매는 색동 저고리.

남 클 때 뭐 했느냐고
성질 급하게 시드느냐고
각자 개성을 드러내며
한 가지에 매달려
아웅다웅 시끄러운 게
영락없는 우리 오남매 모습.

오십여 년을 뿌리 내렸는 데도
마지막 남은 온기까지
다 퍼 주고 가려고
온종일 죽어라 몸살 친 가을 햇살
일찌감치 퇴근길 서두른다.

선물

–군부대에서

밤새껏 잠을 재촉하느라
녹초가 된 새벽 녘,
흐릿한 눈과 머리를 끌고
군대 가고 비어 있는 아들 침대에서 잤다.

고단한 남편의 잠에 방해될까 봐
돌아눕기도 조심스럽다 보니
내 잠은 더 멀리로만 도망을 치기에.

아이 방에 누워
어릴 적 꼬옥 끌어안고서
불러주던 자장가를 생각하다가
나도 몰래 그 자장가에 잠이 들었다.

그 꿀맛 같은 잠은
아들로부터 받은 최고의 선물,
최전방에서 밤새껏 보초 서느라
저 못 자는 잠을
내게 선물로 보냈나보다.

철부지 엄마

적들에게 집이 노출되면
청솔모 엄마는
이사를 해야 합니다.

새 집을 지을만한 아름드리 나무를 찾아
며칠 동안 땅굴 파듯 구멍을 뚫어
안식처를 마련합니다.

곡예를 하듯
새끼를 입에 물고
이 나무에서 저 나무로,
저 나무에서 또 다른 나무로
한 마리씩 새 집에 옮겨다 놓습니다.

그 중 반항기 많은 녀석은
들어가지 않으려고 발버둥치다가 추락해
독수리와 뱀의 공격을 받습니다.

사춘기 시절,
시뻘건 눈을 부릅뜨고
성난 소처럼

이리저리 날뛰던 아들 생각이 났습니다.

소의 발에 채여서 생긴
내 상처만 아픈 줄 알았는데
피 흘리며 죽어가는 건 새끼였습니다.

사춘기 지난 아이가 성인이 되듯
엄마도 오춘기가 지나야 철이 드나 봅니다.

재회

긴 부부싸움 끝에
퉁퉁 부은 얼굴로
아이를 들쳐 업고 나갔다가
남자친구를 만났다.
우연과 의도가 일치되는
묘한 순간이었다.

빨간 장미의 선명한 원색과
백장미의 부드러운 무채색은
같은 향기일 뿐
각자의 색이 짙어갈수록
서로에게 가시만 내밀게 된 시간이 있었다.

오랫동안 내 아이를 바라보던 남자친구가
낯설게도 빨간 장미 톤으로
"요 녀석, 내가 니 생명의 은인이다아"

우리가 서 있던 자리엔
원색과 무채색이
자연스럽게 어우러진 꽃다발이 되어
온통 거리를 메우고 있었다.

폭풍우 속에서

–사춘기 지나온 아들에게

왜 다그치고 질책하고 소리를 지를까?
사랑한다고 하면 될 걸.

하룻밤만 지나면 언제 그랬냐는 듯
해안 몇 개를 다 휩쓸어간 그 비바람에도 살아남은
나뭇잎은 더 싱그럽게 푸르러질테고
그 위로 빛나는 태양은
그 어느 때보다 더 밝게 반짝일텐데.

나 자신보다 더 아끼는 나무라
뿌리째 뽑혀 날아가 버릴까 봐 걱정스러워
잡아주려 하다가 둘 다 만신창이가 되었다.
나무는 나무대로 더 찢기고 부러지고……

잠깐 한때 지나가는 걸
창가에 서서 지켜보기만 하면 됐었는데,
그게 힘들었다면
폭풍우에 온몸을 내맡긴 나무 옆에
나란히 같이 서 있으면 됐을걸.

빨강 펜에 대하여

누군가 물었다
연애편지를 왜 빨강 펜으로 쓰느냐고.

모든 게 컴퓨터로만 인식되고
컴퓨터에 입력되지 않은 마음은
그 누구도 알지 못한다.
검정색 컴퓨터용 펜으로
OMR 카드에 표기해야만 한다.

컴퓨터가 인식을 못하기에
임시로 표시해 두는 빨강색과는 달리
검정색은 표시하는 순간
사실로 확정지어져 버리기에
보여도 되는 만큼, 딱 그 만큼만 쓴다.

디지털이 '0'과 '1'로 아무리 미분해도
알 수 없는 마음임에도
검정색 펜을 잡았다가
그 마음 들킬까봐
빨강색 펜으로 바꿔 잡는다.

붉은 장미만 사다 나른다

아이들의 푸른 꿈을 키우는
엄마 아빠들의 품 속이라든지,

스승의 가슴 가슴마다
새겨지는 카네이션 만큼이나
뜨겁고 붉게 타오른다.

이 세상 그 무엇보다도
순결한 웨딩 드레스 위로
빛나던 붉은 입술!

오월이 오면
그 시절의 그리움으로
붉은 장미만 한 아름씩 사다 나른다.

겨울 사랑

태어날 때부터
추위에 병으로 약한 나는
제대로 겨울을 만난 적이 없다.

음식물 새지 않도록 겹겹이 포장한 용기처럼
겹쳐 입고 또 입은 후
가죽 외투로 중무장을 한다.

뺨이 아리도록 차가운 공기는
정신을 맑게 깨어 있게 하고,
콧등이 시리도록 사나운 바람은
밤하늘의 별을 더욱 빛나게 하며,
살을 에이는 듯한 서늘한 햇살은
도심의 풍경을 더욱 투명하게 만든다.

나의 겨울 사랑은 특별하여
겨울 한가운데 서있는 나목처럼
나도 당당하게 우뚝 서리라.

건망증의 변명

물건을 잃어버리는 건
그 물건을 다시 보고 싶지 않은 마음입니다.

갔던 곳에 또 가는 건
그 곳을 다시 한 번 더 보고픈 마음입니다.

약속을 잊어버리는 건
그보다 더 소중한 게 있다는 걸 과시하고픈 마음입니다.

했던 말을 또 하는 건
당신도 나와 같은 종류의 사람일 거라는 배려입니다.

사람을 잊어버리는 건
그 사람을 다시 한 번 더 기억하고 싶어서입니다.

그 사람을 또 잊어버리는 건
절대 기억하고 싶지 않은 간절한 마음입니다.

유난히 좋아했던 얼굴도,
지독히 싫어했던 수 많은 사실들도
건망증이라는 이름에 묻어 둡니다.

'1'의 힘
-11년 11월 11일에 태어난 아이들에게

오늘 우리가 치는 박수의 의미는
너희들의 탄생을 축복함이다.
너희들의 앞날이 탄탄하길 바라며
소리 높여 부른 축가 또한 들었는지?

지나가는 자동차의 번호
1111의 일별一別에도 행운을 직감하는데
하물며 너희들의 주민등록번호는
111111이니 완벽 그 자체가 아니겠느냐.

늘 시작하는 '1'이란 숫자 속에 둘러싸여
오늘 좌절할지라도
내일이면 다시 시작할 수 있어.
내일 넘어지면
모레 또다시 일어나는 오뚜기.

같은 꿈을 갖고 가꾸며
같은 길을 가는 우리가
오늘 여기에 모여 함께 한 시간은
미래에 너희들이 세울

새 세상을 위한 밑거름이요 터전이다.

비록 비좁고 척박할지라도
넘어지고 아파도, 주저앉고 싶어도
늘 시작하는 '1'의 힘으로
가꾸고 또 가꾸어서
너희들의 유토피아를 이루거라.

떨어지는 법

비 오고, 꽃 지고
낙엽이 지고, 눈이 내리고……
스스로 그렇게 완벽한 자연도
모든 게 위에서 아래로 내리건만
나는 위로, 더 위로만 올라가려고 한다.

그러다가 한 번씩은
불시에 찾아오는 추락!
날개 없는 추락은
가파른 계단에서 무방비상태로
떨어질 때만큼 충격도 아픔도 크다.

유도를 배울 때
낙법落法부터 시작하듯이
떨어지는 방법을 배우면
조금은 덜 아프지 않을까?

人生도 落葉처럼……

백화점 여자들

마네킹을 닮고 싶어 하는
여자들의 탈의실.

고치를 깨고 나와
화려하게 변신하고픈
나비 꿈이 꿈틀거린다.

아주 깊은 바다에서 산다는 오징어들이
오징어잡이 배의 집어등을 보고
그 빛의 유혹을 벗어나지 못하고
그물로 그물로 달려들듯이
떼지어 날아드는 불나방들.

시간 가는 것도,
해 지는 것도 모르게 하려고
시계와 유리창을 없앤 그 자리에는
은근한 동경과 질시의 마음들이
끝없이 유영한다.

푸른 밤

제주의 푸른 밤이
밤새 철썩 철썩 파도를 탄다.

섬을 벗어나고픈 청춘들이
잠 못 이루고 내쉬는 한숨 소리.

그 옛날 귀양 오다가
바다에서 길을 잃은 영혼들이
지금까지도 섬을 찾느라 헤매며
노 젓는 소리가
쉼없이 이슬비 안개비로 뿌려지고,

파도가 데려오는
기다리던 육지 소식에도,
늙은 해녀가 물질해서 따 온 전복에도,
돈이 주렁주렁 매달린 감귤나무에도
아프고 슬픈 사연들이 구구절절히 배어 있어,

비릿한 바다 내음에 흠뻑 젖은
나의 불면까지 더해진 푸른 밤은
날 새는 줄 모르고 출렁거린다.

자랑종량제

30여 년 만의 여고 동창회,
어찌 보면 너무 많이 변했고
어찌 보면 그대로다.
반갑기도 하고, 우습기도 하다.

분위기가 무르익자
남편 자랑,
자식 자랑,
가진 것 자랑에
집에 있는 금송아지까지 들고 올 지경이다.

반장이 조용히 일어나
어디서 가져왔는지
종량제 봉투를 들고
친구들 사이를 오가며
자랑질일랑은 여기다 다 꺼내 담으라고 한다.

아이들은 꼭 반장 티 낸다고
연신 투덜거리면서도
그것들을 남김없이 집어넣고
분위기는 다시 학창시절 쉬는 시간이 된다.

반장은 다시 자기 자리로 가 앉는다.

민들레
–사모곡 3

혹독하기 이를 데 없는 꽃샘추위에도
문명 세계의 온갖 때와 먼지에도
꺾이지 않고 깊숙이 뿌리내려
작은 키로 소리 없이 노랗게 자리 잡은 꽃

삼천리 방방곡곡
햇살 닿은 곳이면 어디서나
봄의 전령사로 빠질 수 없는 양
누구보다 밝고 해맑게 웃고 있네요.

신神께서 할 일이 너무 많아
미처 손길 닿지 않는 곳에는
어머니를 뒀다는 이야기처럼
그곳에 그렇게 존재하는 엄마.

자식 위하는 일이라면
질기기는 또 얼마나 질기던지
밟혀도 밟혀도 쓰러지는 법 없이
꿋꿋이 살아남아
먹거리도 되어주고, 약도 되어 주셨지요.

마지막 갈 때조차
온몸을 사르듯 가루로 만들어
세상 가득 눈 내리듯 날아서
그 씨앗을 천지 사방에 흩뿌리셨지요
엄마라는 이름으로.

유언장을 쓰던 날

문득,
오늘이 내 생애 마지막 날이라면
하는 생각이 들었다.

'1분 1초를 아끼며
내게 의미있는 몇 가지 일을 마무리하고
소중한 사람들과 같이 있겠다.'
이게 유언장의 전부였다.

내가 마흔도 되기 전에 유언장을 쓰려고 했던 건
이런 이유에서였다.

뒤죽박죽 마구 어질러진
나의 일상과 주변을 정리하고
소중한 가족들,
고마운 친구들,
앙금이 있는 불편한 사람들……
챙겨야 할 게 너무 많았다.

쓰다 지우고 고쳐 쓰기를 반복한 끝에
결국

'사후에 장기 기증하겠다'는
달랑 한 줄짜리 유언장 공증 받느라
한 달치 월급보다 더 큰 돈을 날렸다.

차라리
그 돈으로 불우이웃돕기라도 할 걸 하는
후회도 들었지만
이후
내 삶은 한결 간결해졌다.

詩作을 위한 기도

가을이 깊어지면
마당 한 켠 수북히 쌓여가던 건초더미,
숨바꼭질할 때 안성맞춤이다.
땅굴을 파듯 풀더미를 헤치고
우리는 잘도 숨었다.
술래가 우리 찾는 걸 포기하고
돌아간 줄도 모르고
한없이 은밀하게 숨죽이고 있다가
아무도 없는 어둑해진 길을 걷다가 알게 된 어색함,
그렇게 고향의 풀내음 배어 있는
친구들과 우정과 그 때의 꿈을 쓰려고 한다.

하루씩 냉기를 더해가는 햇빛과 바람에
겉은 숨이 죽고
속은 속대로
속옷을 몇 겹씩 포개 입은 것처럼
뿜어져 나오는 열기로
건초더미는 김장김치마냥 푸욱 익어간다.
그렇게 곰삭혀서 깊은 맛 담긴 글이고자 한다.

건초더미에 볏짚까지 얹어

소가 먹기 좋은 크기로 잘라
마구간 천정까지 쌓아 놓고
겨우내 쇠죽을 끓일 때처럼
고향을 향한 그리움이
쇠죽 냄새처럼, 연기처럼 묻어나는
그런 글을 노래하리라,
누구나 그 시절을 그려볼 수 있도록 아름답게!

마음 비우기

바둑에서 위기를 만나면 돌을 버려야 한다.

위험한 걸 살리려고 하면
상대는 반드시 잡으러 오게 되어 있다.

전투에 능하지도,
수읽기에 밝지도,
스릴을 즐기지도 않는 나는
그 사소한 걸 포기하지 못해서
늘 무모한 전투를 벌여서는
말도 안 되는 희생을 치르곤 한다.

별 것도 아니고
기껏해야 몇 집일 뿐인데
왜 버리지를 못할까?
돌을 버리는 것만큼 위력있는 건 없는데.

작은 돌을 버리고 큰 돌을 취하라는
기본 중의 기본을 지키는 게 힘들다.

4부 인생은 바람처럼

하늘을 날면서도 결코
날갯짓을 않는다는 독수리처럼
다만 바람에 따라 날개를 펴고 바람을 타자
폭풍에는 더 높이 날 수 있도록

사랑과 전쟁

그이는 나를 미치게 한다.

긴 연애를 끝내고 시작한 신혼 때부터
우리의 유일한 대화 창구였던 전화 통화,
어느 날부턴 그것조차 늘 막혀있었다.

친구 좋아하고
술자리 좋아하는 탓에
그는 항상 일하는 중이었고,
늘 몇 번씩 돌아가신
친구의 부모님 초상집에 있었다.

나의 인내심이 한계에 닿은 어느 날,
철로가 끊겨 기차가 탈선하듯
우리의 전화기는 결국
내장이 터져나온 채
파편들이 사방에 널부러졌다.

지지직 지지직……
뚜뚜뚜뚜뚜 뚜뚜뚜뚜뚜……

여전히 소음투성이긴 하지만
이 또한 우리만의 소통방식.
'당신 땜에 못 산다' 식의 대화와 함께.

사랑은 사람을 미치게 한다.

잠에서 깨어나다

진통제는 통증을,
수면제는 잠을 재우지 못하는
어둡고 푸른 밤.
한 유선 방송의 유럽여행편을 켜 놓고
진통제와 유럽 어느 곳,
또 다른 유럽 어느 곳과 수면제 사이를 오간다.

텔레비전이 없던 시절
달을 보며 상상했었던
텔레비전 속 같은 끝없는 이야기들……
눈감고 듣는 텔레비전 속 이야기와
어린 시절 달을 보며 지어냈던 이야기들이
반죽이 되어 점점 부풀어 오른다.

고대 그리스까지 올라가 잠의 신, 힙노스를 만난다.
햇볕 한 점 없이 오로지 침묵과 고요만이 머무는
힙노스의 동굴, 바로 그 옆에 있는 그의 형이
죽음의 신, 타나토스라는 걸 알고는
죽기 아니면 살기로 도망친다.
휴우, 잠에서 깨어남이 참으로 감사하다.

문

오늘도 나는 비상구 앞에 서서
내가 찾아야 할 문을 찾지 못해
방황하고 있다.

기억의 이쪽과 저쪽을 연결해 주기도 하고,
생사의 세계를 갈라놓기도 하고,
안이 밖인지, 밖이 안인지 구분되지 않기도 하고,
새로운 세계에 나아가는 첫걸음이기도 하고,
오로지 사람의 체온만 기계로 수용하기도 하고,
늘 열려 있었지만 모른 채 지나치기도 하고,
벽처럼 고정되어 영원히 열리지 않기도 하는
많은 문이 내 앞에 있다.

지금 여기까지 헤매고 또 헤매며 찾아온 것은
비바람 막아주는 거적데기 같은 창문이었다.

추억을 찍다

다시 오지 않을 이 순간을 위해
사진을 찍는다.

시간을 찍는다
풍경을 찍는다
사람을 찍는다
마음을 찍는다.

웃었던 일,
울었던 사연들이 박제된
추억의 껍질이 남는다.

여름을 보내면서

아스팔트 틈 사이로 새어나오는 지열이
온천욕이라도 시켜 줄 듯
온몸을 휘감긴 열기가
이불로 바뀐 어느 날,
가슴이 쨍! 했다.

큰 덩어리의 얼음이
입 안에 머무르지 못하고
목젖으로 곧장 확 넘어갔을 때처럼.
영원할 것 같던 여름에
너무 갑작스럽게 단호히
종지부를 찍는 것 아닌가.

나는 준비된 게 없는데.
하루가 다르게
어스름한 어둠이 서둘러 빠르게 찾아오고
하늘을 찌를 듯한 기세로
검푸르던 나무들이 잎을 내어주기 위해
색깔옷으로 갈아입을 준비를 하듯
떠나 보내야할 인연들에
벌써부터 애잔해진다.

기다림
-씨애틀에서

마치 금가루 은가루를 마구 쏟아 붓 듯
온 바다가 눈부시게 반짝이고
수면과 허공의 경계가 없어지던 어느 날,
살근거리듯 뭉글뭉글하게
다가온 물체가 내 가슴 한 중앙을
그대로 뚫고 지나갔다.
고래였다.

바다 위로 펄쩍 뛰어 올라
시원하게 허공을 가르더니
눈 깜빡할 사이에 사라졌다.

바로 이 고래를 보기 위해
페리까지 타고
태평양이 보인다는 그 섬을
틈만 나면 찾아간건데……

고래가 사라진 순간
기다림의 실체가 고래가 아님을 깨달았고,
줄을 서서 바다를 둘러싼 시커먼 바위들이

망부석 같은 고래의 등과 겹쳐 보였다.

그리워서 기다리는지
기다리다가 그리워졌는지 알 수 없지만
헤어져 있는 것에 익숙해지는 게 두려워
기다리고 또 기다렸다.

만나고 헤어지고

그들 젊은 남녀는
바로 방금 전에 처음 만났다.
그들은 일단 잔다.

잠이 든 그들은 각자 꿈을 꾼다.

여자는 남편과의 이혼소송에서 승소해
잠든 얼굴 위로 미소가 피어나고,
남자는 같은 사무실에 입사한
예쁜 여직원에게 작업 걸다가 망신을 당해
꿈에서도 삐질삐질 땀을 흘린다.

그들의 네 시간짜리 동상이몽은
광주 발 서울 도착을 알리는
안내 방송으로 끝이 나고,
남자는 안도의 땀을 닦으며
서둘러 버스에서 내린다.

남자가 내린 자리에 떨어진 휴대폰을 본 여자는
잠시 망설이다 집어들고 내린다.

버스에서 내려 분실물센터를 찾는 여자와
자신이 내린 버스를 찾아가는 남자가
바로 옆에서 스쳐 지나간다.

다시 분실물센터 앞에서
물건을 맡기고 나오는 여자와
물건을 찾으러 가는 남자가
또 한 번 스쳐 지나간다.

어떤 택배를 원하시나요?

배달해 드립니다
원하는 건 뭐든 다 가능합니다.

시골에서 엄마가 금방 담근 생김치도,
지구촌 반대편에서
바로 어제 개발되었다는 신약도,
갓 잡아올려 펄떡거리는
갈치, 고등어 같은 제주도도,
영기서린 봉우리와 봉우리가 만난 곳에
흐르는 맑은 계곡물 같은 지리산도
지금 바로 배달해 드려요.
주문만 하세요.

기쁘거나 슬프거나 멀리서 오는
그 모든 소식을 날라다 주던 우체부는
'타이핑'과 '클릭',
그리고 '터치'까지 나서서 데려가 버리고
이젠 이렇게 물건만 남았네요.

지루하고 나른한 여름 한낮,
어린 시절 마을 앞 당산에서

한없이 신작로를 바라보며
내가 기다렸던 건
장에 간 엄마보다는
엄마 손에 들린 물건이 아니었을까.

따분하고 무료한 오후에
"택배 왔습니다"라는 외침소리가
이토록 반가울 때는.

떠나고 싶다

여행을 떠난다.

멋진 캐리어 하나 끌고서
연말 시상식 옷차림보다 더 신경 쓴다는
연예인들의 공항 패션을
인터넷으로 검색해 보고는
마음 먹고 구입해 아껴둔 원피스에
하이힐을 신는다.

이국으로 가는 활짝 열려있는 활주로,
생각만으로도 가슴이 방망이질을 친다.

일주일치 짐이 든 가방을 들고서
인천공항에서 셔틀버스를 타고
그녀가 내린 곳은 인천공항 톨게이트,
그 곳에서 공항으로 가는 이들에게
십여 년 간 통행료를 받고 있다.

톨게이트 박스 안에서 떠나는
돈도,
시간도,

고생도 안 드는 상상 속의 여행이지만
체력도 딸리고 엄청나게 지친다.

지친 마음을 가다듬은 그녀는
떠나고 싶은 간절한 갈증을 담아
한층 더 밝은 목소리로
다음 손님을 맞는다.

내게 필요한 건

이 시간까지 애들은 다 어디서 뭘 하고 있나?
늙은 나만 이렇게 버려두고서.

친구들과 잘 지내고 있는 나를
잘 돌봐 주겠다고 사랑해 주겠다고
좋아라 데려올 땐 언제고.

나 빼고 즈네들 가고 싶은 데 다 가면서
즈네 가기 싫을 땐 나를 판다.

즈네들 바쁠 때는 거들떠보지도 않다가
즈네들이 심심해지면 사랑이란 미명아래
나를 괴롭힌다.

내 나이 11세면 즈네 나이로 77세인데
맨날 공주 옷 입히고 리본핀 꽂아 주고는
즈네끼리 좋아 난리다.

애들아, 나는 너희들이 사랑해서 가까이 두겠다는
애완견, 반려 동물이야!

내게 필요한 건 사랑이라구!

인생은 바람처럼

오늘 비가 올지, 내일 비가 올지
누가 알겠는가?
바람이 동서남북 어디로 불지도
누구도 모른다.
그건 바람의 마음이니까.

그 때 그 일을 안했더라면
지금 이 일이 일어나지 않았을텐데,
반대로 그 때 그것만 했었더라면
후회하지 않아도 될텐데.

꼭 인생이 생각한대로
흘러가지 않으면 어떤가?

어차피 인생은 비처럼 바람처럼
알 수 없는 일인걸.

하늘을 날면서도 결코 날갯짓을 하지 않는다는
독수리처럼
다만 바람에 따라 날개를 펴고 바람을 타자,
폭풍에는 더 높이 날 수 있도록.

오월 장미

검붉은 매혹의 자태와
거부할 수 없는 진한 향기에
지나가던 바람조차 매료됐다네.

고귀한 기품이 서려있는
면사포 닮은 순백의 순결에
지나던 구름도 안주했다네.

눈부신 햇빛은 창공에 빛나는데
안타까운 청춘은 꽃비 되어
한순간에 다 떠내려 가버렸네.

오월이면
집집마다 젊음을 외치며
담벼락을 타고 올라
지나가는 사람들의 발길을 붙드네.

자아성찰과 생명의 부활의지

황 송 문
詩人 • 선문대학교 명예교수

미국의 시인 H.W.롱펠로는 추녀 끝에 걸어놓은 풍경도 바람이 불지 않으면 소리가 나지 않는다고 하면서, 바람이 불어 비로소 그윽한 소리가 난다고 했다. 인생도 평온무사만 하다면 즐거움이 무엇인지 알지 못하게 되기 때문이다. 곤란한 일이 있음으로 해서 즐거움도 알게 된다는 지론이다. 그는 "기쁜 일이 있으면 슬픈 일이 있고, 희로애락이 오고가고 뒤엉키어 심금心琴에 닿아서 그윽한 인생의 교향악이 연주되는 것이다."라고 피력했다.

전유정 시인의 시집 『꿈꾸는 베란다』는 이러한 지론에 상통한다는 점에서 반추할 가치가 있다고 여겨진다. 그의 시 「오징어구이」를 먼저 살펴보고자 한다.

내 몸은 오징어구이인가.

통증 만날 때마다

불에 덴 듯
이리 비틀리고 저리 비틀리면서
기우뚱거리며 오그라든다.

바다 속 깊은 곳에 살기에
늘 바다 위를 동경하더니,
저 잡으러 온 줄도 모르고

유혹하는 집어등(集魚燈)을 향해
불나방처럼 날아들어
구이 신세 된 모습이 같은 처지네.

노릇노릇 구워져
고향 사투리 같은 바다 짠 내 마저 사라지면
하루 종일 뛰어다니던
햇볕에 그을린 촌아이는
캡슐에 든 하얀 약처럼 창백해졌다.

내 다리가 열 개로 보이는 건
오징어 구이와 마신 생맥주 탓인지,
전생에 내가 오징어였는지……

고단한 일상에 구워져
오그라든 나의 자화상인지……
–「오징어구이」 전문

전유정 시인의 이 시는 견디기 힘든 아픔을 나타내

고 있다. 마치 오징어가 구워지듯이 그렇게 온몸이 뒤틀리는 고통을 감내하는 치열성이 여실히 표현되어 있다.

버려진 사과 상자와
스티로폼 상자를 가지고
베란다에 텃밭을 만들었다.

도시의 농부가 되어
어릴 적 시골 마당가에 엄마가 키우던
봉선화, 채송화, 맨드라미와
상추, 쑥갓, 실파, 고추를 심었다.

나의 베란다 정원이
꽃꿈, 소채꿈으로 자란다.

도시의 꽃들이 돋보이는 건
시멘트와 철근, 벽돌을 배경으로
피어나기 때문이라는
은근한 비밀도 들키기 마련이다.

내가 심은 건
꽃씨와 소채씨가 아니었나 보다.
자라는 식물 못지않게
나의 詩도 쏠쏠히 자라났다.

–「베란다 시작 노트 1」 전문

전유정 시인은 베란다에서 꿈꾸기를 시도한다. 도시 문명사회에서 둥우리를 틀고 사는 시인이 스치로폼 상자라는 문명사회의 잔해에 흙을 채우고, 꽃과 소채를 심어 가꾸는 재미를 누리고자 한다. 이와 같이 베란다에 정원을 꾸밈으로써 이러한 '꽃꿈'이나 '소채의 꿈'을 가꾼다는 이야기는 신선한 충격을 준다. 여기에서 주목되는 마지막 결구는 '詩도 쏠쏠히 자란다'는 표현이다. 팽배한 물질문명의 잔상에서 식물성 사물을 경작하고, 그 사물에서 시를 살려내는 재미를 누린다고 하는 시에의 전이 유추라 하겠다.

다리미질은 나의 기도
아름다운 꽃빛이 배어나도록
곱게 곱게 펴나가야 한다.

술·담배에 절어 사는 그이 옷 위에,
철부지 가득한 아이들 옷 위에,
여전히 방황하는 내 옷 위에
정화수를 이슬 털듯 뿌리고
풀 먹여 살아난 길을 내면서
정겨운 내조로 꾹꾹 눌러 다린다.

가족들 마음 속 깊은 구석까지
달래고 어루만져서
구깃구깃한 주름살 시원히 펴지도록
주름진 마음밭까지 환하게 다린다.
-「다리미질」 전문

다리미질하는 행위를 통해서 인생을 곱게 펴나간다고 하는 발상이 경이롭고 신선하다. 이처럼 생활적으로 건강한 발상은 가족애의 절창으로 나타낸다. 그것은 술과 담배에 절어서 사는 남편과 철없는 아이들, 그리고 방황하는 자신까지 옹호하고자 하는 소망의 발현이라 하겠다. 남편에게는 내조요 자식에게는 모성에의 발현이 건강한 시를 가능케 하고 있다.

풀을 먹인 옷가지에 물을 뿌려서 다려나가는 다리미질의 과정을 전개하면서, 그것을 가족생활에 환치해 주름살을 펴듯이 생활을 펴고 가족구성원의 마음까지 펴지도록 하고자하는 갸륵한 바람을 내비치고 있다.

누군가 속삭이는 것 같아
돌아보면 아무도 없고,

또 누군가 부르는 것 같아
아무리 둘러보아도 또 아무도 없어,

숲길 산책하던 발걸음을 멈추고
숨 죽인 채 한참을 그 자리에 서 있었다.

낙엽 하나가 톡,
낙엽 또 하나가 톡,
조락凋落의 계절이
몇 층으로 쌓인 낙엽 위로 내리고 있었다.

나뭇잎 다 내려놓고 뼈만 남은 앙상한 가지에
새 봄 물길 올려 새싹 틔우고
갖가지 빛깔로 채색하려면
흙으로 돌아가야 하는 순리 되새기려고
그렇게 애타게 나를 불러 세웠나 보다.
－「낙엽의 속삭임」 전문

자연에서 신의 섭리를 읽게 된다. 몸이 부실하여 산책을 생활화해야 하는 전유정 시인은 자연에서 계시(영감)를 받는 차원에서 시상을 얻는다. 그것은 생명에 관한 경이감이다. 자연스럽게 얻어진 착상에서 종교적 경건성을 감지한다. 그것은 생명창조의 순환인식이다. '나뭇잎 다 내려놓고 뼈만 남은 앙상한 가지'에도 새싹이 튼다는 부활의 순환의지다. 이 시「낙엽의 속삭임」을 보게 될 때 언젠가는 흙으로 돌아가야 하는 순리를 받아들여야 한다는 겸허한 순명에의 신앙의식이 깔려있음을 보게 된다.

남편으로부터 독립하고
아이들로부터 떨어져 나오고,

큰 굴곡 없이 자라게 해 준 부모님 빼고
졸업한 학교 빼고/ 다녔던 직장 빼고,

화장 지우고

마음먹고 장만한 옷도 벗고
짝퉁 가방도 내려놓고
십 센티미터 쯤 올라간 신발에서도 내려오고,

유행하는 노래 따라 부르기,
베스트셀러 찾아 핵심 골라 읽기,
흥행 영화 찾아서 감상하기,
이런 일들을 일절 하지 않는다면,

나는 누구일까?

먼지처럼 가벼운 나는
땅에 발을 붙이고 있을 만큼의
존재감은 존재하고 있을지……

－「나는 누구일까」 전문

반야바라말다심경의 '색즉시공色卽是空 공즉시색空卽是色'의 자각이 연상되는 시다. 여기에 내비쳐지지는 않고 있으나 심신의 피로로 인해서 삶의 그네 줄을 놓고 싶어질 때 문득 돌아보게 되는 자아성찰이라 하겠다. 번잡한 일상으로부터 독립하여 자유로운 몸이 되자면 뭐가 남을까 하는 자각이다. 여기에서는 보다 높은 가치의 삶의 본질을 추구하는 철학적 인식이 깔려있음을 감지하게 된다. 이러한 자아성찰은 그의 시 작품 「노을」에서도 엿보인다.

저 하늘도/ 하루의 허물을 반성하는가.

그 부끄러움이 얼마나 크기에/ 저렇게까지 붉게 타오를 수가 있을까.

크고 작은 봉우리들로/ 하늘과 맞닿은 저 산마저/ 하루를 정갈하게 하느라/ 저렇듯 붙어서 같이 타오르는가.

그 빛에 물들고자/ 온 몸을 내맡긴 채 마주 서는가.

– 「노을」 전문

여기에서는 '부끄러움'과 '반성'이 주를 이루고 있다. 허물에서 오는 부끄러움을 반성으로 보는 신앙인의 자세를 읽게 된다.

사는 게 힘이 든다 싶은 날엔
운전석에 올라
창을 활짝 열고 드라이브를 한다.

차창 밖으로
욕심과
미움과
집착을
하나씩 하나씩 날려 버린다.

냉정한 겨울 바람이
뺨을 때리며
미처 버리지 못한 마음들을
마저 버리도록 채찍질한다.

돌아오는 길엔
이른 새벽의 샛별이
나와 함께 동행하고 있다.
–「드라이브」

전유정 시인이 차를 몰고 드라이브를 하는 시간과 공간은 마치 새가 자유롭게 비상하는 시공時空과도 같다. 새가 비상飛翔을 통해서 자유를 누리는 것처럼 이 시인은 드라이브를 통해서 자유를 만끽하고자 한다. 그렇기 때문에 차창도 활짝 열고 달리되 그동안 세속에 억압되고 찌들었던 욕심과 미움과 집착을 버림으로써 자유를 누리고자 한다. 이 시에서는 밤중에 주행하고 새벽에 귀가하는 것으로 되어있다. 새벽의 샛별과의 동행에서 맑은 정신의 자각을 보이고 있다.

우리 집 근처를 배회했다느니
전화기만 쳐다보며 살았다느니
술에 절어 지냈다느니
그런 말 마세요.

가슴에 구멍이 뚫렸다느니
다리가 말을 듣지 않는다느니
은애하다 죽을 거라느니
그런 말은 절대 하지 마세요.
–「신호등 앞에서」 중 전반부

신호등은 '진행'과 '정지' 즉 직진과 멈춤을 신호하는 기호다. 이 기호는 단순한 보행의 직진과 멈춤의 신호에 머물지 않고, 가정의 성숙을 도모하는 인생으로서의 신호등을 의미한다. 여기에서는 건널 수 없고, 지나칠 수 없는 윤리적 한계상황으로서의 신호등이 버티고 있는 셈이다.

오늘도 정성껏 화장을 합니다
변신하고픈 열망을 담아.

깊어 보이는 눈매를 위해선
아이보리와 브라운 섀도우를 바르고
콧대는 높아 보이라고
하이라이터로 강조를 합니다.

청순하게 보이려고
핑크빛 립스틱을 바르고
섹시하게 보이려고
새빨간 매니큐어로 마무릴 하지요.

문을 나서기 전
외로움이 새어 나갈까 봐
진한 무스크향의 향수를 뿌려요
누구도 다가오지 못하도록 듬뿍!

늘 바르고 그리고 뿌리면서도
변신 못한 채

외로움에 갇혀서 산답니다.
— 「화장법」 전문

여기에서는 긍정적인 면이 진솔성이라면 부정적인 면은 창작의도를 감추지 않아서 모호성이 끼어들지 못했다는 점이다. 여기에서 시인의 표리, 즉 안과 밖이 적나라하게 드러나고 있다. 진솔성이 신선함으로 어느 정도 매력을 주다가도 은은한 여운을 차단하게 한다는 점에서 시의 모호성에 관심을 가질 필요가 있겠다.

자상하고 다정한
문자 메시지를 보내주는 총각이 있습니다.

추우면 감기 조심하라고
더우면 입맛 돋우라고
몸에 좋은 음식 추천에
설, 추석은 물론 복날에 보름까지.

그는 부르면 언제든지 날듯이 달려옵니다.
비바람 불고 눈보라 쳐도
도로가 주차장이 되어 막혀 있어도
밝고 환하게 웃으며 옵니다.

각자 떨어져 사는 부모 형제보다
우리 동네 총각네 총각이 가까운 건

당연한 생활의 결과.

해외여행을 마치고
꺼 두었던 휴대 전화기를 켜보니
총각네 총각이 보낸 문자 메시지
단 한 개라도 즉시 배달해 드립니다.
양배추 1천원, 양파(소) 3천원, 수박 다량 입하
－「총각네 총각」 전문

소설에서는 복선과 서스펜스가 양념처럼 긴요하게 쓰인다. 전유정 시인은 드라마 작가다. 드라마는 소설 같은 서사문장으로 이루어진다. 서사문에서 익힌 기법이 시에서도 드러나고 있음을 보게 된다. 이 시를 처음 읽는 독자는 등장인물 '총각'에 대하여 약간 에로틱한 기대를 갖게 될 것이다. 그러나 결말에 이르러서 그 '총각'이 식료품가게에서 식료품을 배달하는 점원이라는 반전을 보게 될 때 코믹한 잔재미를 느끼게 될 것이다. 시가 이런 잔재미에도 즐거움을 선사하는 것은 따분한 일상적 삶을 다소 환기시키는 청량제가 되기 때문이다.

롱펠로가 말한 대로 전유정 시인은 고난의 바람으로 인해서 그윽한 시의 소리를 내고 있다. 이 시인이 평온무사했다면 이 시집은 태어나지 못하였을 것이다. 견디기 힘겨운 고통을 통해서 삶의 희열을 노래할 수 있게 되었다는 진리를 터득하게 된 것으로 보인다. 앞으로 힘겨운 일은 줄어들기 바라고, 희로애락이라는 경험의 보석을 잘 다듬어서 독자의 심금을 울리는 명작을 생산해 주기 바란다.

전유정 시집 꿈꾸는 베란다

초판인쇄 2012년 8월 3일
초판발행 2012년 8월 7일
지 은 이 전유정
발 행 인 황송문
펴 낸 곳 문학사계
주 소 서울특별시 영등포구 문래6가 56-1
미주프라자 B1 102호
전 화 070-8845-9759
(010)2561-5773
팩 스 (02)2676-9759
이 메 일 songmoon12@hanmail.net
등 록 2005년 9월 20일
제318-2007-000001호

값 7,000원
ISBN 978-89-93768-25-1 03810

배포처 자유문고 (02)2637-8988